Paul Janet

La Psychologie et ses Modernes critiques

essai

Paul Janet

La Psychologie et ses Modernes critiques

essai

Table de Matières

Introduction

Où en sommes-nous du débat engagé depuis une trentaine d'années sur l'objet et les méthodes de la psychologie ? Qu'est-il advenu de la célèbre définition donnée par Jouffroy dans sa préface de 1826 : « La psychologie est la science des faits de conscience ? » Y a-t-il encore aujourd'hui une science de l'observation intérieure, une science de l'homme qui se regarde penser, comme ferait quelqu'un qui se mettrait à la fenêtre pour se voir passer dans la rue ? Ou nous nous trompons fort, ou nous pouvons affirmer que cette définition de Jouffroy, malgré toutes les plaisanteries et toutes les objections auxquelles elle a été en butte, malgré les psychologies diverses qui se sont présentées pour prendre la place de la psychologie défunte, que cette définition, dis-je, malgré tout cela, est demeurée triomphante, inébranlable et inébranlée. Il n'est pas, je crois, aujourd'hui, un philosophe, ni même un physiologiste éclairé et compétent qui nie l'existence d'une science des faits de conscience, d'une psychologie subjective, fondées sur l'observation interne, les autres psychologies que l'on a découvertes depuis (expérimentale, comparée, physiologique, morbide, etc.), n'étant que des extensions, des vérifications, des contre-épreuves de la première, mais reposant sur elle, et ne pouvant exister sans elle. C'est ici l'exemple d'une vérité solide en philosophie, survivant à toutes les controverses, comme les vérités scientifiques ; et c'est par là même une vérité scientifique.

Nous voudrions résumer l'histoire de cette question avec assez de clarté pour pouvoir être compris de tous ceux qui, sans être philosophes de profession, s'intéressent cependant aux questions de philosophie. Il est nécessaire de rappeler tout d'abord quelques notions élémentaires qui se trouvent en tête de tous les traités de philosophie, et sans lesquelles la discussion suivante manquerait de base. On appelle *faits de conscience* les faits qui nous sont attestés par la conscience, c'est-à-dire par le sentiment intérieur qui accompagne ces faits à mesure qu'ils se produisent. Ainsi, je sens, j'ai des sensations ; et je sais que je sens et que j'ai telles sensations. Je pense et je sais que je pense et que j'ai telles ou telles pensées ; je veux et je sais que je veux, et que j'ai telles ou telles volitions ; nous ne pouvons sentir, penser et vouloir sans le savoir, sans en être

Paul Janet

intérieurement avertis, et pour rappeler un adage scolastique : *non sentimius nisi sentiamus non sentire ; non intelligimus nisi intelligamus non intelligere.* Non-seulement ces faits nous sont connus intérieurement à mesure qu'ils se produisent, mais encore ils ne sont connus que par nous, nul autre œil que le nôtre ne pénètre dans notre intérieur ; nul autre homme ne sent notre sensation, ne pense notre pensée ; notre âme n'a pas de fenêtres pour le regard des autres hommes. Ce sentiment intérieur qui accompagne ces faits internes s'appelle *conscience* ou *sens intime* ; l'être dans lequel se passent ces faits s'appelle le *moi* ou le *sujet*, de là, l'expression de *subjectifs*, appliquée aux faits de conscience, terme qui s'oppose à celui d'*objectif* par lequel on désigne tout ce qui se rapporte à l'*objet*, ou au *non-moi*, à tout ce qui se passe en dehors du moi.

On remarquera, et c'est là un point essentiel, que la définition de Jouffroy, si précise et si limitée qu'elle paraisse, n'exclut cependant aucune des formes extensives que pourra prendre ultérieurement la psychologie, si le besoin s'en faisait sentir.

Par exemple, quoique la psychologie soit essentiellement la science des faits de conscience, elle n'en est pas moins autorisée cependant à étudier en même temps des phénomènes d'un autre ordre, que l'on appelle aujourd'hui phénomènes inconscients, si ces phénomènes viennent à se rencontrer dans le cours de notre étude : d'abord, c'est une question de savoir si les phénomènes dits inconscients ne sont pas tout simplement des faits de moindre conscience ; en second lieu, on sait que, suivant la doctrine d'Aristote, c'est la même science qui s'occupe des contraires : ainsi, la morale est à la fois la science du bien et du mal ; la logique, science du vrai et du faux ; la métaphysique, la science de l'être et du non-être. La psychologie, par analogie, pourra être à la fois la science du conscient et de l'inconscient. Il faut d'ailleurs ajouter que la psychologie ne peut pas être la science de l'inconscient en général, mais de l'inconscient en tant qu'il est vraiment en rapport avec le conscient, intercalé dans la série du conscient, servant à expliquer le conscient ; autrement, si l'on négligeait cette restriction, la psychologie embrasserait tous les phénomènes de l'univers. Ce n'est donc qu'en tant qu'ils peuvent devenir faits de conscience, que les phénomènes inconscients peuvent rentrer dans la même science que les faits de conscience proprement dits. Pour rappeler un exemple devenu classique, le philosophe écossais Hamilton, traitant de ce sujet, nous dit : « Il me vient à l'esprit un cas, dont j'ai été récemment frappé. Je pensais à la montagne du Ben-Lomond, et cette pensée fut immédiatement suivie de la pensée du système d'éducation prussienne ; il n'y avait pas moyen de concevoir une connexion entre ces deux idées en elles-mêmes. Cependant un peu de réflexion m'expliqua l'anomalie. La dernière fois que j'avais fait l'ascension du Ben-Lomond, j'avais rencontré à son sommet un Allemand ; et bien que je n'eusse pas conscience des termes intermédiaires entre Ben-Lomond et les écoles de Prusse, ces termes étaient indubitablement : Allemand, — Allemagne, — Prusse ; et je n'eus qu'à les rétablir pour rendre évidente la conscience des extrêmes. » Dans ce cas, on voit clairement que l'inconscience est ce qui n'est pas actuellement dans la conscience, mais ce qui y a été, ce qui en a disparu, ou ce qui peut y rentrer : c'est l'analogue du conscient.

La définition de Jouffroy n'exclut pas davantage d'autres faits qui ne sont pas des faits de conscience, qui même sont des faits objectifs, des faits externes proprement dits, mais qui pourraient être nécessaires pour la description exacte des faits internes, par exemple, certaines données physiologiques qui accompagnent toujours, suivant les uns, fréquemment suivant les autres, les phénomènes de conscience. En tant que ces conditions peuvent être indispensables pour l'analyse et la description même des faits mentaux, la science des faits de conscience est implicitement autorisée à les utiliser ; et, pour employer un exemple très simple, aucun psychologue, même de l'école de Jouffroy, ne se fera scrupule de distinguer la vision de l'audition, en signalant les organes différents auxquels ces deux fonctions sont associées ; et, lorsque l'on distingue les sens et les organes des sens, on ne peut s'empêcher de signaler précisément l'existence de ces organes. Par la même raison, aucun psychologue ne se privera d'étudier les faits de l'habitude ou de l'instinct, quoique ces faits se passent en grande partie dans le domaine organique, dans l'ordre des mouvements ; mais les mouvements ne sont point étudiés dans ce cas-là, à titre de mouvements, et comme phénomènes mécaniques des corps humains ; ils ne le sont qu'en tant qu'ils sont liés à des phénomènes de conscience. Il en est ici de la psychologie comme de l'histoire, laquelle par exemple, tout en se rapportant essentiellement à la catégorie du temps, ne laisse pas d'avoir égard aussi à l'étude des lieux, c'est-à-dire à la géographie ; et cependant on ne définira pas l'histoire par la géographie ; et l'on continuera de dire que l'histoire est la science des événements passés, quoiqu'il soit évidemment sous-entendu que ces événements se sont passés dans certains lieux.

Non-seulement la définition de Jouffroy n'exclut aucun des progrès possibles de la psychologie dans l'ordre des faits, elle n'exclut pas davantage l'extension possible de la psychologie du côté de la métaphysique, par exemple, elle n'exclut pas la doctrine de ceux qui prétendent, et nous sommes de ceux-là, que la conscience n'atteint pas seulement des phénomènes, mais qu'elle pénètre jusqu'à la cause et à la substance, c'est-à-dire jusqu'à l'âme. Je dis que la définition de Jouffroy n'exclut pas ce point de vue, qu'il a du reste lui-même adopté plus tard ; car il est possible que l'analyse des faits de conscience nous conduise jusque-là ; mais pour éviter toute idée préconçue, nous devons écarter toute doctrine dans la définition de la science, afin de ne parler que de ce qui est universellement accordé. C'est pour cela, par exemple, que nous ne dirons point que la psychologie est la science de l'âme ; car sans croire, comme le disait Jouffroy dans cette même préface, que le problème de l'âme est un problème prématuré, nous pensons que ce serait une solution prématurée que de l'introduire dans la définition même de la science. Même le mot de faculté, comme le mot âme, engage des questions métaphysiques qu'il faut ajourner sans les exclure. Quant aux limites qui séparent la psychologie de la métaphysique, il n'est pas plus facile de les fixer *a priori* que de fixer les limites de la psychologie et de la physiologie, du conscient et de l'inconscient ; mais il en est de même des limites de toutes les sciences. L'important pour chacune d'elles est de fixer le point essentiel et caractéristique qui est l'objet de la science : or cet objet, c'est ici le fait de conscience.

Quelques mots aussi sur la terminologie qui s'est répandue de nos jours en psychologie, et qui nous paraît inférieure en précision et en clarté à celle de Jouffroy. Par exemple, nous emploierons l'expression de *faits de conscience*, de préférence à celle d'*états de conscience*, que l'on a depuis quelques années empruntée aux

Anglais. Nous ne voyons aucun avantage dans cette dénomination. Dans toutes les autres sciences, il est question de faits ; pourquoi la psychologie se bornerait-elle à l'expression vague d'*états* ? Cela a d'autant plus d'inconvénients qu'il y a des cas en psychologie où le mot d'*états* est nécessaire pour caractériser certains faits de conscience, par rapport à d'autres ; par exemple, on dira que la plaisir et la douleur sont des états tandis que le désir et la crainte sont des mouvements : les uns ont un caractère statique, les autres un caractère dynamique : réservez donc le mot d'état pour le cas où il signifie quelque chose, et ne l'employez pas inutilement là où il ne signifie rien. Nous écarterons également l'expression barbare de faits *psychiques*, quoique aujourd'hui presque universellement adoptée, mais qui est si désagréable à l'oreille. Nous préférons de beaucoup l'expression de faits *psychologiques*, comme on disait autrefois. Mais on y a renoncé par cette raison, dit-on, que les faits, étant antérieurs à la science puisqu'ils en sont l'objet, ne doivent pas être dénommés d'après le nom de la science qui s'en occupe, mais d'après le nom de l'objet auquel ils se rapportent. S'il en était ainsi, il faudrait changer toutes les habitudes de la langue, car partout les faits sont dénommés d'après la science et non pas d'après l'objet. Ainsi l'on dit : les faits astronomiques et non pas les faits *astriques* ; les faits *géologiques* et non pas les faits *géiques* ; les faits *biologiques* et non pas les faits *biiques*. De même on dit les faits *économiques*, et non pas les faits *ploutiques* ; les faits *chronologiques* ou *historiques* et non pas les faits *chroniques*. Il n'y a donc aucune raison de violer cette règle générale quand il s'agit de la psychologie.

La psychologie, considérée comme science des faits de conscience, est aussi ancienne que la philosophie elle-même. On trouve de la psychologie dans Démocrite et dans Empédocle, dans Platon et dans Aristote ; mais elle y est plus ou moins fondue avec les autres parties de la philosophie. Il en est de même, quoique déjà avec plus de liberté, dans Descartes, Malebranche et Spinoza. Avec Locke elle se sépare et devient une science indépendante. Condillac, Hume et Reid la maintiennent dans cette voie. Mais c'est surtout de nos jours que la psychologie a cherché à se constituer comme science en faisant valoir ses titres. Ce fut l'œuvre de Théodore Jouffroy dans sa préface aux *Esquisses* de D. Stewart. Ce morceau remarquable est l'origine de toutes les discussions qui ont eu lieu depuis sur l'objet et la méthode de la psychologie. On peut sans doute étendre et développer les vues de Jouffroy ; mais les bases qu'il a établies sont inébranlables. Que cette science d'ailleurs puisse se compléter, s'enrichir par des annexes nouvelles, cela prouve précisément qu'elle était susceptible de progrès. Nous avons à rechercher, dans la thèse de Jouffroy, ce qui demeure acquis et incontesté, et les additions légitimes que le temps y a apportées. Ces additions ressortent des objections même élevées contre Jouffroy. Considérées en elles-mêmes, ces objections ont une valeur sérieuse, comme indication des points de vue nouveaux que la science avait à aborder et à parcourir. Rien de plus facile que de faire ce partage et de réconcilier ce que l'on appelle la vieille psychologie avec la nouvelle.

Section I

L'adversaire le plus intraitable, le plus intransigeant de la psychologie subjective, de la psychologie à la Jouffroy, a été Auguste Comte : « Les métaphysiciens, dit-il, ont imaginé dans ces derniers temps de distinguer, par une subtilité fort singulière, deux sortes d'observation d'égale importance, l'une extérieure, l'autre intérieure, et dont la dernière est uniquement destinée à l'étude des phénomènes intellectuels. Quant à observer les phénomènes intellectuels, pendant qu'ils s'exécutent, il y a impossibilité manifeste. L'individu pensant ne saurait se partager en deux, dont l'un raisonnerait, tandis que l'autre se regarderait raisonner. » Telle était la première objection d'Auguste Comte. Il en ajoutait deux autres, de non moindre importance : « Une telle méthode, disait-il, en la supposant possible, devait tendre à rétrécir extrêmement le champ de l'intelligence en la limitant, de toute nécessité, au seul cas de l'homme adulte et sain, sans aucun espoir d'éclairer jamais une doctrine aussi difficile par la comparaison des différents âges, ni par la considération des divers états pathologiques. » Enfin il imputait à cette méthode ce qu'il appelait « l'interdiction absolue jetée sur toute étude intellectuelle ou morale, relative aux animaux, de la part desquels les psychologues n'attendent sans doute aucune observation intérieure. »

Ainsi : 1° impossibilité de s'observer soi-même ; 2° la psychologie réduite à l'étude de l'homme adulte et de l'homme sain ; 3° exclusion de l'étude psychologique des animaux, — tels sont les trois points qu'Auguste Comte dénonce comme les vices essentiels de la méthode psychologique subjective. Ces objections sont importantes, surtout les deux dernières parce qu'elles ont ouvert la voie à de nouvelles recherches psychologiques. Mais si elles font pressentir et ont plus ou moins amené des accroissements notables en psychologie, elles ne portent pas, en réalité, sur l'essentiel de la thèse de Jouffroy ; elles ne la renversent pas ; elles ouvrent la voie, et cette voie est légitime, à une psychologie objective faite par le dehors ; mais elles ne détruisent pas la nécessité d'une psychologie faite par le dedans, et qui est la psychologie proprement dite.

Posons d'abord quelques principes qui sont accordés par tout le monde et par tous les savants, quand il s'agit des autres sciences, et que l'on oublie aussitôt qu'il est question de psychologie. Toute méthode scientifique est une méthode d'abstraction. Elle consiste toujours à démêler un fait simple dans la série des faits complexes au milieu desquels il se trouve en réalité engagé. Le point de départ nécessaire d'une science est de démêler l'ordre de faits spécifiques et caractéristiques qui constituent cette science. Nul doute que, dans la réalité, les faits physiques proprement dits ne soient profondément intercalés et entremêlés avec les faits chimiques ; on les distingue cependant les uns des autres ; il y a des chimistes et des physiciens, des chaires de chimie où il n'est point question de physique et des chaires de physique où il n'est point question de chimie ; ou du moins, dans chacune de ces sciences, les faits de l'ordre voisin n'interviennent qu'en sous-ordre et sont subordonnés au fait principal. Qu'a donc fait Théodore Jouffroy ? Il a mis en relief et en pleine lumière l'ordre de faits caractéristiques dont s'occupe la psychologie. Ces faits, ce sont les faits subjectifs, avec le sentiment intérieur qui les accompagne : or c'est bien là un ordre de faits *sui generis* et irréductibles, et il était de toute nécessité de les dégager de ce qui n'était pas eux ; c'est cela qui est l'objet propre, original, de la psychologie : c'est de là qu'elle doit partir, si elle veut être une science, et non un amas confus de plusieurs sciences. Une fois l'existence de ces faits subjectifs établie et reconnue, on pourra discuter sur la manière de les étudier ou sur les recherches ultérieures auxquelles ils peuvent donner lieu ; on verra alors que les trois objections précédentes portent sur la forme et les applications, mais non sur l'essence de la méthode psychologique.

Il est en effet évident, pour ce qui concerne le premier point, que, dans la méthode de Jouffroy, le principe d'une observation intérieure est la seule chose essentielle, et que ce principe laisse ouverte la question de savoir si c'est au moment même où les faits ont lieu ou plus tard et après coup que l'observation est possible. Jouffroy n'a pas traité cette question. Il n'a pas cru nécessaire d'entrer dans le détail du mode d'observation dont il s'agit. Il est certain que si un homme observe en lui-même la passion non au moment où elle a lieu, mais plus tard par le souvenir, et en se rappelant les différents moments de cette passion, il est évident, dis-je, que c'est bien là de l'observation intérieure, telle que l'entendait Jouffroy : et l'omission d'une telle distinction n'a rien qui compromette la doctrine fondamentale de l'existence des faits subjectifs et de la possibilité de les connaître par l'observation interne.

Cette réponse a été faite à Auguste Comte par un philosophe non suspect, lié d'amitié avec lui, et qui passe pour être plus ou moins de son école, M. John Stuart-Mill. Il lui répond même sur ce point d'une manière assez dure : « Il n'est pas bien nécessaire, dit-il, de faire une réfutation en règle d'un sophisme dans laquelle la seule chose surprenante serait qu'il imposât à quelqu'un. Premièrement, on pourrait renvoyer M. Comte à l'expérience et aux écrits de MM. Cardaillac et Hamilton, pour prouver que l'esprit peut avoir conscience de plusieurs choses à la fois, et même le pouvoir d'y faire attention. En second lieu, il aurait pu venir à l'esprit de M. Comte qu'il est possible d'étudier un fait par l'intermédiaire de la mémoire, sinon dans le moment où nous le pensons, du moins un moment après, et c'est le mode d'après lequel s'acquiert le meilleur de notre science sur les actes intellectuels. »

Cette même pensée, à savoir que la psychologie se fait non par la conscience immédiate, mais par la mémoire, était venue à l'esprit, avant M. Stuart-Mill, d'un philosophe contemporain de Jouffroy, l'auteur célèbre de la *Réfutation de l'éclectisme*, Pierre Leroux ; mais il en avait tiré une objection contre Jouffroy : « Il ne s'agit pas, disait-il, d'une observation directe de l'âme par elle-même, mais d'une observation à distance faite non pas sur l'âme elle-même, mais sur les opérations de l'âme, ce qui est bien différent. » Mais je ne sais si c'est là véritablement une objection contre Jouffroy. On peut faire remarquer avec justesse que celui-ci ne s'est pas exprimé avec assez de précision, qu'il n'a pas prévu l'objection qui lui serait faite sur la difficulté pour l'âme de s'observer au moment même, et il aurait dû dire qu'il s'agit plutôt d'une observation indirecte et à distance, comme s'exprimait Pierre Leroux ; mais il n'y a rien dans les principes posés par Jouffroy qui s'oppose à cette manière d'entendre les choses : c'était une précision de plus apportée à son analyse, mais non une réfutation. Quant à la distinction invoquée par Pierre Leroux entre l'âme elle-même et ses opérations, elle ne pouvait porter en aucune façon contre la doctrine de Jouffroy ; car c'est lui précisément qui, dans cette même préface, avait le plus nettement et le plus hardiment distingué l'âme de ses phénomènes ou opérations, au point d'avoir écrit cette proposition qui lui a été plus tard si violemment reprochée : « Le problème de l'âme est un problème prématuré. »

Au reste, tout en laissant la plus large part, avec Pierre Leroux et Stuart-Mill, à l'observation indirecte en psychologie par l'intermédiaire de la mémoire, nous sommes loin, quant à nous, d'accorder qu'il ne puisse pas y avoir d'observation directe de l'âme par elle-même. C'est sans doute un fait étrange et inexplicable que celui de la réflexion ; mais il ne l'est pas plus que celui de la conscience, et celui-ci ne peut pas être nié. Kant a parfaitement fait ressortir ce qu'il appelle « le paradoxe de la conscience, » à savoir le lait d'un être se connaissant lui-même, et, comme il s'exprime, « affecté par lui-même : » car il y a toujours là quelque chose de double, à quelque degré qu'on suppose la conscience ; par exemple, je souffre et en même temps je sais que je souffre : il y a deux faits en un seul : c'est donc un redoublement ; mais c'est ce redoublement même qui fait l'originalité irréductible de ce lait. Or la réflexion ne fait autre chose que grossir le fait et mettre en relief ce qui est obscur et nous rendre attentifs à nous-mêmes. Nous pouvons donc à la fois penser, et penser que nous pensons. Par exemple, je veux savoir si l'idée de couleur est inséparable de l'idée d'étendue, j'évoque dans mon esprit un point lumineux dans le ciel, ou un point blanc sur un tableau noir, et je vois toujours cette couleur étendue. L'observation est donc ici contemporaine

Paul Janet

du fait lui-même ; et la distinction de la conscience et de la mémoire est insignifiante, car c'est le même fait de part et d'autre. On remarquera enfin que l'objection elle-même suppose l'analyse intérieure qu'elle déclare impossible, car on ne saurait jamais par le dehors, par exemple en observant un cerveau, si le raisonnement ou la réflexion sur le raisonnement sont deux opérations successives ou simultanées. L'objection elle-même suppose donc l'emploi de la méthode psychologique.

La seconde objection d'Auguste Comte est que la psychologie se borne à l'étude de l'homme adulte et sain, au lieu de l'étudier à travers les différents âges, ou dans les altérations de ses facultés mentales. C'est donc une science qui se place en dehors des conditions de la réalité.

On est surpris qu'Auguste Comte, en empruntant cette objection à Broussais, ait été assez aveuglé par le parti-pris et par la prévention pour ne pas voir que cette objection portait tout aussi bien sur la physiologie que sur la psychologie, et qu'il avait lui-même d'avance réfuté cette objection en distinguant la physiologie ou biologie de l'histoire naturelle et de la pathologie.

En effet, n'est-il pas évident que la physiologie, tout comme la psychologie, ne s'occupe que de l'homme adulte, et ne traite que secondairement des différents âges ? Par exemple, elle étudie à fond les fonctions génératrices ; or ces fonctions n'ont pas lieu dans l'enfance et elles n'ont plus lieu dans la vieillesse. De même, la physiologie n'étudie que l'homme sain, et cela est nécessaire : car comment comprendre la pathologie ou la science de l'état anormal, sans comparaison avec l'état normal ? Et saurait-on ce que c'est que la maladie, si on ne connaissait pas la santé ? Enfin, comment la thérapeutique serait-elle possible, c'est-à-dire comment pourrait-on ramener l'homme de l'état pathologique à l'état normal, si on ne connaissait pas ce dernier état ?

On ne voit donc pas pourquoi on n'appliquerait pas à la psychologie ce que l'on accorde pour la physiologie. Ce qu'il y a de surprenant, c'est que c'est Auguste Comte lui-même qui a posé sur ce point les vrais principes.' « Sans doute, dit-il, il était non-seulement inévitable, mais encore rigoureusement indispensable que la biologie commençât par un tel point de départ (la considération

de l'homme), afin de se constituer une unité fondamentale qui pût servir ensuite à la coordination systématique de la série entière des cas biologiques. Un tel type ne pouvait en effet, sous peine de nullité radicale, être arbitrairement choisi ; et ce n'est point uniquement, ni même principalement comme le mieux connu et le plus intéressant que le type humain a dû être nécessairement préféré : c'est surtout par la raison profonde qu'il offre en lui-même le résumé le plus complet de l'ensemble de tous les autres cas. Ainsi, une première analyse de l'homme envisagé à l'*état adulte et au degré normal* sert à former la grande unité scientifique suivant laquelle s'ordonnent les termes successifs de la série biologique. »
Ainsi, l'objet de la physiologie, c'est bien, suivant Comte, l'homme adulte et normal, précisément le même qu'il reproche aux psychologues d'avoir étudié intellectuellement. C'est là, dit-il, l'unité fondamentale dont on étudiera plus tard les variations et les dégradations. Mais en psychologie aussi n'a-t-on pas besoin d'un type et d'une variété fondamentale ? L'homme adulte, c'est l'homme complet, l'homme arrivé au plein développement de sa nature. Sans doute la physiologie exige l'étude des différents âges et même doit remonter plus haut, jusqu'à l'embryon : mais doit-on confondre la physiologie avec l'embryologie ? Sans doute encore l'idée de développement et d'évolution a dû s'introduire dans la science, et la méthode comparative, comme l'a remarqué Auguste Comte, a renouvelé toute l'histoire naturelle, et il en sera de même en psychologie. Mais la physiologie ne cessera jamais d'exister comme science distincte, prenant pour base le type le plus complet de l'être vivant. De même, en psychologie, l'idée de mouvement, de variation, d'évolution, s'introduira de plus en plus, soit au point de vue des âges, soit au point de vue de l'histoire des sociétés, soit au point de vue des altérations morbides ; mais ces études comparatives n'excluent pas et même exigent une unité, un terme de comparaison, qui est là aussi l'homme adulte et l'homme normal.

Auguste Comte a posé lui-même avec beaucoup de précision la différence qui sépare le domaine de la biologie du domaine des autres sciences qui lui servent de compléments, de confirmations ou de rectifications. Les mêmes principes s'appliquent rigoureusement à la psychologie et à ses annexes. Il distingue deux ordres de sciences,

Paul Janet

les sciences abstraites et les sciences concrètes. La science abstraite est celle qui étudie les lois générales et fondamentales. La science concrète étudie ces mêmes lois modifiées par les circonstances diverses de la réalité. La science abstraite de la vie, c'est la biologie ou physiologie proprement dite ; les sciences concrètes sont : 1° l'histoire naturelle ; 2° la pathologie. « Ces deux ordres de considération, dit Auguste Comte, sont également étrangers par leur nature au vrai domaine philosophique de la biologie. En effet, celle-ci doit toujours se borner à l'étude essentielle de l'état normal, en conservant l'analyse pathologique comme un simple moyen d'exploration. De même, quoique des observations d'histoire naturelle puissent fournir à l'anatomie et à la physiologie de précieuses indications, la vraie biologie n'en doit pas moins, tout en se servant d'un tel moyen, décomposer toujours l'étude de chaque organisme dans celle de ses parties constituantes, tandis qu'une telle décomposition est directement opposée au véritable esprit de l'histoire naturelle. »

Ces principes, très solides en eux-mêmes, peuvent s'appliquer, sans presque y rien changer, à la science psychologique. Sans doute il y a une pathologie mentale ; sans doute il y a une histoire naturelle de l'âme, à savoir l'histoire de ses différents états aux différents âges, aux différents siècles, suivant les sexes, les tempéraments, etc. Ce sont des sciences concrètes. La psychologie proprement dite est une science abstraite, comme la physiologie. C'est elle qui fonde les sciences concrètes, qui sans elles seraient impossibles. Réciproquement, la psychologie puise des données précieuses dans l'une ou l'autre de ces deux sciences ; mais elle s'en distingue. Si la psychologie n'existe pas d'abord pour elle-même, elle n'existera pas du tout ; et les autres sciences qui se rattachent à elle cesseront d'avoir la moindre clarté.

Auguste Comte, poursuivant les conséquences qui dérivent, selon lui, de la méthode psychologique d'observation intérieure, affirme qu'une telle méthode exclut absolument toute étude des facultés mentales des animaux.

Où voit-on que Jouffroy ait jeté une telle interdiction sur la psychologie animale ? Il y a là une méprise sur le sens essentiel de la théorie de Jouffroy. Ce que celui-ci a voulu établir et ce qu'il a établi magistralement, c'est qu'il y a des faits subjectifs, et que ces faits sont essentiellement distincts des faits objectifs ou physiologiques auxquels ils sont nécessairement unis : la psychologie a donc un objet propre qui la sépare de la physiologie. Maintenant, que ces faits subjectifs se passent chez les autres hommes, au lieu de se passer en nous, chez les animaux au lieu de se passer chez les hommes, ce n'en sont pas moins des faits subjectifs qui relèvent de la psychologie et non de la physiologie. Mais, dit-on, les animaux ne peuvent pas s'observer eux-mêmes. Il n'y aura donc point de psychologie animale, si la méthode d'observation intérieure est la seule méthode psychologique. Mais Jouffroy, en signalant la méthode d'observation intérieure comme la principale, n'a nullement exclu la méthode d'observation indirecte, à savoir celle qui s'exerce sur les autres, et qui par induction conclut des signes ou des actes extérieurs aux faits mentaux qu'ils expriment. L'une de ces méthodes n'exclut pas l'autre. De ce que je m'étudie moi-même, s'ensuit-il que je ne puisse pas chercher à deviner ce qui se passe dans la pensée d'autrui ? Cela n'est pas plus interdit au philosophe qu'aux autres hommes, et cette double étude a lieu tous les jours chez tous les hommes. Si donc Jouffroy a parlé surtout de l'observation intérieure et subjective, c'est qu'il avait à déterminer le caractère essentiel et propre de la psychologie, à savoir le caractère subjectif ; de même que Claude Bernard, lorsqu'il a essayé de déterminer le caractère expérimental de la physiologie, n'a parlé que de l'expérimentation ; mais il n'a pas exclu par là ni la méthode comparative, ni la méthode d'anatomie pathologique. De même Jouffroy a mis en relief le rôle de l'observation intérieure, parce que c'était le point essentiel à établir ; mais il n'a rien nié ; et si on lui eût parlé de cette méthode objective indirecte, il eût répondu infailliblement qu'elle était un corollaire et une contre épreuve de l'observation intérieure. En fait, les psychologues n'ont jamais ignoré cette méthode d'observation par le dehors. Les Écossais, les maîtres de Jouffroy, s'en sont beaucoup servis. Dans la *Philosophie de l'esprit humain*, de D. Stewart, le troisième volume est consacré à la psychologie des animaux, à celle des âges, des sexes et des professions. Tout ce que l'on peut dire, c'est que depuis Jouffroy, et peut-être sous l'impulsion même des objections exagérées d'Auguste Comte, la psychologie objective a fait beaucoup de progrès : mais c'est le propre de toutes les sciences.

Paul Janet

Pour en revenir à ce qui concerne les facultés animales, on peut dire que ce sont encore les psychologues ou philosophes qui, avant ces derniers temps, avaient le plus travaillé sur ce sujet. Ainsi, sans parler de Bossuet, qui a écrit un chapitre substantiel sur la question dans la *Connaissance de Dieu et de soi-même*, nous venons de nommer Dugald-Stevart qui a laissé des pages très fines sur les facultés des animaux comparées à celles de l'homme. Avant lui, Condillac écrivait son *Traité des animaux*. En Allemagne, Reimarus, disciple de Leibniz et maître de Kant, publiait un des ouvrages les plus riches en observations de ce genre, intitulé : *Considérations sur l'instinct des animaux*. Plus anciennement, Montaigne, dans un esprit sceptique et un peu par jeu, faisait aux animaux une large part dans son célèbre chapitre, intitulé *Apologie de Raymond de Sébonde*. La philosophie n'a donc jamais interdit l'étude mentale des animaux et la psychologie de Jouffroy n'est nullement tenue de l'interdire.

Ce qui explique du reste la rareté des travaux des psychologues sur cette question, c'est que le sujet d'observation leur manque et qu'ils ne peuvent avoir de ménagerie dans leur cabinet ; ils ne peuvent donc avoir là-dessus que des idées vagues. Ce serait plutôt aux naturalistes qu'il faudrait reprocher d'avoir négligé ce côté de la science. Ils ont, en effet, des animaux à leur disposition, et ils en ont très peu tiré parti. Le meilleur ouvrage qui ait été écrit sur ce sujet est la *Lettre sur les animaux* de Ch. Leroy, qui n'était ni un philosophe, ni un naturaliste, mais un simple capitaine des chasses, et la méthode de Leroy n'est pas autre chose que celle que nous indiquions plus haut, à savoir une méthode psychologique indirecte, qui conclut à la similitude des causes par la similitude des effets. En effet, il montre que les animaux sont susceptibles de faire des expériences comme les hommes, en comparant les actions animales et les actions humaines ; et ces actions humaines elles-mêmes, nous ne les comprenons que par analogie avec ce qui se passe en nous-mêmes.

D'ailleurs, ici encore, dans cette question, nous n'avons rien de mieux à faire que d'invoquer le témoignage d'Auguste Comte lui-même et d'appliquer à la psychologie ce qu'il dit de la physiologie. Il distingue avec Bichat les fonctions organiques des fonctions animales (ou vie de relation). Or, pour ces dernières fonctions, dans lesquelles rentrent évidemment les facultés intellectuelles et morales, Auguste Comte affirme la nécessité de commencer par l'homme et non par l'animal. « Toute recherche, dit-il, soit anatomique, soit physiologique, relative à la vie animale elle-même, serait essentiellement obscure si on ne commençait pas par la considération de l'homme, seul être où un tel ordre de phénomènes soit jamais immédiatement intelligible. C'est nécessairement l'état évident de l'homme de plus en plus dégradé, et non l'état indécis de l'éponge de plus en plus perfectionnée que nous pouvons poursuivre dans toute la série animale. Si nous paraissons ici nous écarter de la marche ordinaire où nous procédons toujours du sujet le plus général et le plus simple au plus particulier et au plus complexe, c'est uniquement afin de nous mieux conformer, sans puérile affectation de symétrie scientifique, au vrai principe philosophique qui consiste à passer constamment du plus connu au moins connu. » Appliquez ces principes à la psychologie et vous comprendrez que Jouffroy ait voulu constituer la psychologie humaine, c'est-à-dire la psychologie subjective, avant la psychologie animale, qui se fait par le dehors.

En résumé, la polémique d'Auguste Comte n'ébranle pas le moins du monde les principes posés par Jouffroy, à savoir l'existence de faits subjectifs aussi certains, sinon plus que les faits objectifs ; de plus la possibilité de connaître et d'analyser ces faits par l'observation ; la distinction de l'observation interne et de l'observation externe, en un mot l'existence d'une psychologie subjective, comme base de toutes les recherches sur les facultés intellectuelles et morales.

Pour compléter notre démonstration, examinons maintenant la méthode qu'Auguste Comte propose de substituer à celle de Jouffroy. Elle consiste en deux points : 1° étudier les facultés non en elles-mêmes, mais dans leurs organes ; 2° les étudier encore non en elles-mêmes, mais dans leurs résultats. En un mot, la doctrine a pour but de faire rentrer la psychologie dans la physiologie et dans l'histoire naturelle. Il loue Destutt de Tracy d'avoir eu le courage de dire que l'idéologie est une partie de la zoologie ; mais Tracy s'était contenté de le dire, et son idéologie était restée purement abstraite, séparée absolument de toutes les conditions organiques et des origines zoologiques. Il s'agit donc de reprendre et de mettre en pratique l'aphorisme de Tracy.

Paul Janet

Quant à nous, il nous semble que la proposition de Tracy ne signifie pas grand'chose. On peut, en effet, convenir que l'homme, ayant un corps organisé comme les autres animaux, sera appelé un animal, et même les écoles de philosophie le définissent un animal raisonnable, et, à ce titre, on peut dire sans grande hardiesse que tout ce qui concerne l'homme rentre dans la zoologie ; on le dira de l'histoire aussi bien que de la psychologie. Mais je demande si ce sera une proposition bien féconde et qui avancera beaucoup la science que de dire que l'histoire fait partie de la zoologie. Il n'en faudra pas moins traiter l'histoire par les mêmes méthodes qu'auparavant, et la proposition ne fera pas découvrir un seul fait nouveau. Il en est de même de la proposition de Destutt de Tracy. On aura beau affirmer que la psychologie ou l'idéologie rentrent dans la zoologie, il n'y aura jamais d'autre moyen de connaître l'homme que de l'appeler à s'observer lui-même. Examinons cependant si les deux procédés d'Auguste Comte valent mieux que le (GREC) de Socrate.

Pour le premier point, Auguste Comte affirme qu'il faut appliquer à la psychologie le principe fondamental de la physiologie : pas d'organes sans fonctions, pas de fonctions sans organes. Le problème physiologique se ramène donc à ceci : étant donné l'organe, trouver la fonction ; étant donnée la fonction, trouver l'organe. Cette règle, une fois posée, il faut l'appliquer partout ; or, nul ne doute que l'intelligence ne soit attachée à un organe, le cerveau : donc c'est dans le cerveau qu'il faut étudier l'intelligence. Examinons cette assertion.

C'est déjà une grande exagération de subordonner absolument la fonction à l'organe, et de poser en principe que, l'organe étant donné, on doit en déduire la fonction. Claude Bernard a plusieurs fois critiqué cette méthode qui subordonne la physiologie à l'anatomie par le même genre de confusion qui subordonne ici la psychologie à la physiologie. Il n'est pas vrai du tout, dit Claude Bernard, que de l'organe on puisse déduire la fonction. On aurait pu observer le foie pendant des siècles ; on n'aurait jamais pu en déduire sa fonction glycogénique : il a fallu l'apprendre d'ailleurs. Claude Bernard cite encore ce fait que dans les animaux supérieurs les cellules sensitives sont triangulaires et les cellules motrices quadrangulaires. Outre que cette différence ne nous apprend absolument rien sur la différence de la sensibilité et du mouvement, et sur l'attribution de ces fonctions à l'une plutôt qu'à l'autre de ces deux formes, on aurait tort d'associer chacune de ces deux fonctions à chacun de ces deux genres de cellules, puisqu'il arrive précisément que, chez les oiseaux, c'est la disposition inverse qui a lieu, c'est-à-dire que ce sont les cellules motrices qui sont triangulaires et les sensitives quadrangulaires.

En outre, lors même qu'on accorderait sans restriction l'axiome précédent, il y aurait toujours entre les fonctions intellectuelles et les fonctions organiques une différence fondamentale, c'est que pour les fonctions organiques, c'est le même ordre d'observation qui nous donne à la fois la fonction et l'organe ; en même temps que vous voyez l'organe, par exemple l'estomac, vous pouvez voir la digestion (comme dans le cas de l'ouverture de l'estomac par une blessure). Si vous pouviez voir directement le cœur, vous verriez en même temps, et par le même acte d'observation, l'organe et ses mouvements. Quand il s'agit au contraire des organes cérébraux, le même mode d'observation ne vous donne pas à la fois l'organe et la fonction ; et il vous faut recourir, pour constater la fonction, à un autre mode d'observation qui est l'observation intérieure ou la conscience. Il faut donc, pour faire la théorie complète des fonctions cérébrales, rassembler les deux ordres d'opérations que vous ne connaissez que séparément. S'il est vrai qu'un cerveau vu du dehors ne manifeste aucune pensée (car un ignorant qui verrait un cerveau pour la première fois ne saurait dire si c'est l'organe de la pensée ou l'organe de la circulation), réciproquement, le sentiment de la pensée en nous-même ne nous suggère pas davantage l'idée d'un cerveau. Comment une telle différence ne compterait-elle pour rien ? Et de quelque manière qu'on s'y prenne, peut-on éviter l'emploi d'une méthode psychologique différente de la méthode physiologique ? car le cerveau ne porte pas écrits sur ses lobes, comme les crânes phrénologiques que l'on vend chez les marchands, les noms des facultés.

Bien entendu, et nous ne saurions trop le répéter (car c'est sur notre exclusivisme prétendu que l'école adverse établit son propre exclusivisme), bien entendu, nous ne nions pas l'importance d'une psychologie physiologique ; et Jouffroy lui-même ne la niait pas ; au contraire, il professait expressément cette doctrine

Paul Janet

de l'union des deux sciences, en se plaignant qu'elles ne fussent pas assez sœurs. En voici la preuve : « L'une et l'autre, en effet (la psychologie et la physiologie), s'occupent bien de certains phénomènes qui ne sont pas dans leurs attributions, la physiologie de phénomènes psychologiques, la psychologie de phénomènes physiologiques, et elles ont raison de s'en occuper ; autrement, elles seraient incomplètes. Car ce n'est pas la vie psychologique ni la vie physiologique telles qu'elles pourraient se développer si elles étaient isolées, que les deux sciences ont pour objet de connaître, mais chacune de ces deux vies, telle qu'elle s'accomplit dans l'homme, c'est-à-dire dépendante de l'autre, modifiée par l'autre, mutilée peut-être, peut-être agrandie par l'autre. C'est pourquoi ces deux sciences ne doivent point demeurer et n'ont jamais été étrangères l'une à l'autre. Elles doivent se prêter des secours mutuels, et s'il y a un reproche à leur faire, c'est de n'avoir pas été jusqu'ici aussi sœurs qu'il est nécessaire à chacune d'elles qu'elles le soient.[1] »

Il n'est donc point question de séparation et d'isolement. Un seul point à débattre est de savoir, non s'il doit y avoir une psychologie physiologique, mais si celle-ci doit remplacer l'autre. On cherche aujourd'hui les prodromes physiologiques de l'attention ; mais le ferait-on, si la psychologie ne nous avait appris qu'il y a une faculté appelée attention, et si l'analyse de cette faculté n'avait provoqué plusieurs problèmes ? Par exemple, on distingue une attention volontaire et une attention involontaire, comme si ce n'était pas là une distinction psychologique, que la physiologie pure n'aurait jamais pu découvrir. On cherche l'origine du moi dans la résultante des fonctions du cerveau. Vraie ou fausse, cette théorie serait-elle née, si la psychologie n'avait fourni la notion du moi et sa distinction d'avec le non-moi ? On cherche la localisation des facultés ; mais le ferait-on si l'on ne connaissait pas les facultés elles-mêmes ? Il est donc certain que l'on ne peut étudier les facultés de l'esprit dans leurs organes, avant de les étudier en elles-mêmes, sauf ensuite à les rattacher par voie de concomitance à leurs corrélatifs organiques, laissant d'ailleurs à une science plus haute, la métaphysique, la question de savoir si ces corrélatifs sont, ou non, la véritable substance de l'esprit. Voilà le vrai système scientifique que l'on ne repousse que par des idées préconçues.

---

1 *Nouveaux Mélanges philosophiques*, p. 208.

Examinons maintenant la seconde règle d'Auguste Comte : étudier les facultés humaines non elles-mêmes, mais dans leurs résultats. Par exemple, c'est en regardant agir les animaux, les fous, les sauvages, les enfants, et je suppose bien aussi un peu l'homme adulte et sain, que l'on connaîtra les facultés intellectuelles et morales de l'espèce humaine. C'est toujours le même malentendu. Que l'observation objective soit nécessaire pour confirmer, contrôler, rectifier, développer les conclusions obtenues déjà par la méthode subjective, c'est ce qui est aujourd'hui universellement accordé ; mais que par elle-même, et réduite à elle seule, elle soit incapable de donner aucun résultat, c'est ce qui est évident. En effet, ce que nous voyons des facultés humaines par le dehors, ce ne sont pas les faits eux-mêmes, à savoir les pensées, les volitions et les passions ; ce sont leurs signes externes. Or, ces signes doivent être interprétés ; ils n'ont aucune valeur, si ce n'est par comparaison avec les signes qui accompagnent d'ordinaire nos propres opérations. La psychologie objective n'est donc pas une science de faits : c'est une science de *signes* qui n'atteint les faits qu'indirectement et en passant par le domaine de la conscience subjective. Elle n'est une science d'observation qu'au second degré. Or, un esprit vraiment scientifique peut-il croire avoir vraiment servi la science en substituant à l'observation des faits eux-mêmes la méthode interprétative qui n'atteint les faits qu'à travers leurs signes. On dit que la méthode indirecte est plus féconde que la méthode directe. C'est toujours le même sophisme : à titre de rectification et de complément, oui peut-être ; à titre de base scientifique, non. Même les faits contradictoires que cette méthode indirecte peut faire découvrir n'ont de signification et d'intérêt que par comparaison avec les faits généraux et normaux attestés par l'observation intérieure. On recherche aujourd'hui de tous côtés ce que l'on appelle le dédoublement de la personnalité ; mais ces faits ne sont vraiment intéressants que dans leur rapport avec la théorie de l'unité du moi, telle qu'elle résulte ou paraît résulter de l'observation subjective. Supposez que l'on n'ait aucune notion de l'unité de conscience, de l'identité personnelle, et les faits de dédoublement n'ont plus qu'une valeur de rareté, de curiosité : ce sont des anecdotes, des jeux de la nature, comme le veau à deux têtes, dont s'étonne le vulgaire. La théorie de la conscience retombera dans le vague où

Paul Janet

elle est pour le sens commun ignorant. Il en est de même des faits par lesquels on établit ou on essaie d'établir ce que l'on appelle des consciences collectives. Ces faits, si on ne les rapproche de la théorie psychologique de l'impénétrabilité des consciences, n'ont plus qu'une valeur littéraire, comme lorsqu'on dit : la conscience d'une nation, la conscience d'une armée. C'est seulement lorsque, par l'observation interne, on a trouvé le principe de l'individualité des consciences, c'est alors seulement que ces faits contradictoires prennent toute leur valeur, soit que, par une analyse plus avancée, on puisse les faire rentrer dans la loi commune, soit qu'ils ouvrent la voie à une théorie plus compréhensive et plus profonde.

En résumé, Auguste Comte, dans sa critique de la psychologie, n'a prouvé qu'une chose, c'est qu'il ignorait complètement la science qu'il voulait proscrire. Voyons si la thèse a été fortifiée par les arguments des nouveaux critiques.

Section II

Nous avons exposé d'abord sous sa forme la plus aiguë et la plus tranchante le conflit de la psychologie et de la physiologie, et la prétention de l'une de ces sciences à se substituer à l'autre. Dans cette première phase de la question, l'indépendance et même l'existence de la psychologie subjective est absolument niée, et la seule méthode reconnue est celle qui étudie les facultés humaines dans leurs organes et dans leurs résultats. Cette première phase est représentée par Auguste Comte, et elle est presque contemporaine des revendications de Jouffroy en faveur de la psychologie subjective. Mais depuis cette époque, l'objet de la discussion s'est déplacé et la question s'est circonscrite sur un terrain plus limité. On ne conteste plus comme Auguste Comte la possibilité de l'observation subjective ; on ne nie plus la différence d'une psychologie humaine et de la psychologie animale ; mais on affirme que les phénomènes mentaux étant toujours liés à certains phénomènes objectifs, à savoir les phénomènes nerveux, la psychologie ne peut pas être exclusivement la science des phénomènes subjectifs, mais qu'elle doit être concurremment et inséparablement la science des faits subjectifs et objectifs à la fois. De là la formule suivante qui établit autrement qu'on ne le faisait auparavant l'objet et les rapports des deux sciences, a Le processus nerveux à simple face, dit M. Ribot, dans l'introduction de son livre sur *la Psychologie allemande*, appartient au physiologiste ; le processus nerveux à double face appartient au psychologue. » Cette doctrine est celle de M. Taine en France et de M. Herbert Spencer en Angleterre.

Cette manière de poser la question est beaucoup plus fine, beaucoup plus savante et plus philosophique que la doctrine d'Auguste Comte ; mais on voit que, même si on acceptait par hypothèse cette position de la question, la psychologie subjective aurait conservé encore une bonne partie de ses positions. Au lieu d'être totalement éliminée, comme elle aurait dû l'être par les objections de Broussais et de Comte, elle resterait au moins la moitié de la science de l'homme ; elle en représenterait la face interne, tandis que la physiologie étudierait en même temps la face externe. Ce ne seraient plus, si l'on veut, deux sciences séparées ; ce seraient cependant encore deux points de vue distincts, et la distinction de ces deux points de vue serait encore une distinction fondamentale et de premier ordre. C'est cette vérité qui reste la base de la psychologie et sans laquelle on ne sait plus ni ce qu'on dit ni de quoi l'on parle.

Au reste, le philosophe de nos jours qui a le plus défendu le principe précédent (à savoir l'union inséparable des deux faits, mental et nerveux), et qui a fait de ce qu'il appelle la *correspondance* la base de sa psychologie, M. Herbert Spencer, a maintenu lui-même, nous l'avons dit, la distinction des deux points de vue avec la même rigueur qu'avait fait Jouffroy. Voici comment il s'exprime : « La psychologie subjective, dit-il, est une science complète, unique, indépendante de toutes les autres, quelles qu'elles soient ; et elle s'oppose à elles comme une antithèse. Les pensées et les sentiments qui constituent une conscience et qui sont inaccessibles à tout autre que le possesseur de cette conscience, forment une existence qui ne peut se placer parmi les existences dont les autres sciences s'occupent. Quoiqu'une accumulation d'expériences nous ait conduit à croire que l'esprit et l'action nerveuse sont les deux côtés, objectif et subjectif, d'une seule et même chose, nous restons incapable de voir et même d'imaginer quels rapports il y a entre les deux. L'esprit continue d'être pour nous quelque chose sans

Paul Janet

parenté avec les autres choses ; et de la science qui découvre par introspection les lois de ce quelque chose, il n'y a aucun passage, aucune transition aux sciences qui découvrent les lois des autres objets. »

Ainsi Spencer, comme Jouffroy, admet l'indépendance de la psychologie subjective ; il admet en outre que la psychologie dite objective n'existe et n'a de sens que par son rapport à la psychologie subjective, puisque celle-ci seule donne une signification aux faits signalés par la première. La seule différence, c'est que Spencer fait une science totale des deux psychologies, subjective et objective, tandis que Jouffroy en fait deux sciences séparées, quoique unies entre elles ; mais ces deux idées sont-elles bien différentes l'une de l'autre ? Puisque cette science totale se compose de deux sciences, ne peut-on pas les traiter séparément, ou les traiter ensemble, comme on voudra ? La première méthode sera plus conforme à l'analyse, la seconde à la synthèse. Sans doute, le second point de vue est aussi nécessaire que le premier ; car l'unité des choses est aussi utile à connaître que leurs différences. Mais depuis Bacon et Newton, il a été convenu que l'analyse doit précéder la synthèse. Il est donc tout à fait conforme aux habitudes de la science moderne de traiter de la psychologie subjective avant de passer à l'objective. En outre, si, comme Spencer le dit, la première est nécessaire pour interpréter la seconde, si celle-ci lui emprunte nécessairement ses *data*, il y a un grand intérêt à assurer la fidélité de ces *data*, en étudiant d'abord les faits subjectifs en eux-mêmes, et en suivant la conscience jusqu'où elle peut nous conduire. C'est une abstraction sans doute ; mais toutes les sciences sont des abstractions, et il n'y aurait pas de science si de telles abstractions n'étaient pas permises.

Si l'on cherche la signification de ce débat qui n'a l'air de porter que sur une question de forme, on verra qu'il repose sur certaines préoccupations, et que chacun des deux adversaires, des deux compétiteurs, s'il est permis d'ainsi parler, en ayant l'air de ne s'occuper que d'une question de méthode, passe à une question finale dont nul ne consent à se désintéresser, et craint que l'autre parti ne prenne des avantages pour la solution de cette question. D'un côté, en effet, l'école matérialiste craint que si elle accorde à l'avance une existence indépendante à la science subjective, ce ne soit une concession de fond, et une sorte d'engagement en faveur de l'existence indépendante de l'esprit. De l'autre côté, les spiritualistes craignent qu'en accordant l'inséparabilité des phénomènes nerveux et des phénomènes intellectuels et moraux, ce ne soit accorder par anticipation la dépendance de l'esprit à l'égard de la matière, et même la substantialité de la matière à l'égard de l'esprit.

Pour ce qui est du premier point, nous nous contenterons de rappeler les précautions extrêmes avec lesquelles Jouffroy, dans sa célèbre préface, a essayé de séparer le problème psychologique du problème métaphysique. Ces précautions lui ont été assez durement reprochées par les théologiens pour qu'il ait au moins l'honneur de n'avoir point sacrifié un intérêt scientifique à un intérêt de dogme. « Assurément, disait-il, cette question de l'âme est fort importante en elle-même ; mais, quelque solution qu'on lui donne, ce que nous nous sommes proposé dans ce discours n'en restera pas moins vrai. Soit, en effet, que l'on admette une âme, soit que l'on rapporte au cerveau les phénomènes que ses partisans lui attribuent, il n'en est pas moins indispensable, si l'on veut connaître complètement la nature humaine, de faire la science des phénomènes de conscience… A quelque principe que puissent se rattacher ces faits, ils n'en sont pas moins ce qu'ils sont. La science de ces faits et de leurs lois est donc parfaitement indépendante de la solution dont il s'agit… D'ailleurs, il n'est pas moins évident que, dans l'état actuel de cette science, cette question est prématurée. »

Il est permis de penser que Jouffroy est allé trop loin en disant que le problème de l'âme est un problème prématuré. Il ne l'est pas plus que les autres problèmes de la métaphysique. Si, d'ailleurs, ce problème est actuellement prématuré, on peut dire qu'il le sera toujours ; et entre prématuré et insoluble, il n'y a pas grande différence. Il n'en est pas moins vrai que la question de l'âme peut être écartée et ajournée d'un commun accord, et que l'on peut soutenir les droits d'une psychologie subjective sans violer les lois de la neutralité scientifique.

Que si, du reste, on soupçonne les psychologues subjectivistes de travailler subrepticement pour l'intérêt du spiritualisme métaphysique, on est tout aussi autorisé à soupçonner les psychologues objectifs qui n'admettent pas, même avec Spencer, une psychologie subjective, de ne soutenir cette thèse que dans l'intérêt prémédité du matérialisme. Dès lors le soupçon étant

Paul Janet

le même de part et d'autre, pourquoi ne pas se rejeter des deux côtés ? et pourquoi ne pas se borner à l'examen des choses telles qu'elles sont ? Or cet examen nous apprend, comme le dit M. Spencer, deux vérités indubitables : 1° la psychologie subjective est une science indépendante de toutes les autres ; 2° la psychologie objective emprunte toutes ses données à la psychologie subjective.

Quoi qu'il en soit, soit qu'on sépare, soit qu'on réunisse les deux parties de la psychologie, nous admettons qu'il y a en effet deux psychologies : l'une qui se fait par la conscience, l'autre par l'observation des autres nommes, et qui, selon l'expression de Comte, étudie les facultés dans leurs organes et leurs résultats ; mais relativement à cette psychologie objective, nous ferons deux observations. La première, c'est qu'il n'est pas légitime à cette psychologie objective ou physiologique de se qualifier elle-même de nouvelle psychologie, tandis qu'on affublerait la psychologie subjective de la qualification de vieille psychologie. Ces épithètes sont injustes et antiscientifiques ; elles ont pour objet de surprendre la faveur de ceux qui ne réfléchissent pas, en usurpant les avantages du progrès et de la nouveauté. Il importe sans doute assez peu qu'une science soit ancienne ou nouvelle, pourvu qu'elle soit vraie. Mais, de plus, ces qualifications sont inexactes. Les deux psychologies existent concurremment depuis longtemps. Le XVIIe siècle a parfaitement connu la physiologie objective. Le *Traité des passions* est par moitié un traité de physiologie. Descartes expliquait les passions par le mouvement des esprits animaux ; Malebranche expliquait la mémoire et l'imagination de la même manière et l'on pourrait retrouver textuellement dans Malebranche les explications récentes données sur la mémoire. Bossuet, dans la *Connaissance de Dieu et de soi-même*, traite d'abord de l'âme, puis du corps, puis de l'union de l'âme et du corps, et s'étend longuement sur les lois physiologiques des sensations : il a en outre un chapitre sur la psychologie des animaux. Au XVIIIe siècle, Charles Bonnet et Hartley ont commencé à parler de vibrations nerveuses comme phénomènes concomitants des pensées. Même l'école écossaise a constamment mêlé dans ses analyses la physiologie à la psychologie. Dans les *Recherches sur l'entendement humain*, de Thomas Reid, se trouve un chapitre sur la géométrie des visibles, un autre sur le strabisme, un autre sur le mouvement parallèle des yeux. Pour remonter plus haut, la psychologie humaine, dans Aristote, est une partie de la psychologie animale ou générale. On voit que rien n'est plus ancien que l'idée d'une psychologie objective. C'est au contraire un fait tout moderne et qui date seulement du XVIIIe siècle, que l'établissement d'une psychologie purement subjective. C'est dans Locke qu'on la trouve pour la première fois : « Je ne parlerai pas, dit-il, de l'âme en physicien. » De là cette doctrine a passé allume, en France, à Condillac et à Laromiguière, et enfin à Jouffroy. Elle a été établie sous l'empire de l'esprit scientifique du XVIIIe siècle, qui en tout préférait l'analyse à la synthèse : c'est donc par rigueur de méthode et non par aucune prévention métaphysique, que la psychologie subjective a été créée ; et s'il y a une psychologie toute moderne, c'est celle-là.

Une autre observation plus importante, c'est qu'il ne faut pas confondre la psychologie objective avec la psychologie physiologique. Toute psychologie physiologique est, il est vrai, objective ; mais toute psychologie objective n'est pas physiologique. Par exemple, un voyageur qui nous rapporte les mœurs des sauvages, et nous n'avons pas d'autres moyens de les connaître, est un psychologue, mais il n'est pas un physiologiste ; car il n'est besoin d'aucune physiologie pour savoir que les sauvages sont imprévoyants, cruels, menteurs, et qu'ils ont des sens très fins, et des affections très mobiles, mais très vives. Une mère qui a étudié les facultés de l'enfance, comme Mme Necker de Saussure, dans son livre de l'*Éducation progressive*, est psychologue ; mais il n'y a là nulle physiologie. Dans les livres si intéressants qui ont été faits récemment sur la psychologie de l'enfance, par M. Bernard Pérez, il n'est nullement question de physiologie. C'est tout simplement la psychologie subjective qui sert de type et à laquelle on rapporte le développement intellectuel et moral de l'enfant. Un magistrat, un aumônier de prison, qui étudieraient l'état mental des prisonniers, seraient encore des psychologues sans être des physiologistes. Le meilleur observateur des animaux, Charles Leroy, nous l'avons dit déjà, était un capitaine des chasses du roi Louis XVI ; il n'était pas un physiologiste, ni même un naturaliste.

On voit que la psychologie objective se divise en deux parties, en deux genres : 1° la psychologie comparée ; 2° la psychologie physiologique. La première n'est qu'une extension de la

Paul Janet

psychologie subjective. Son objet propre est toujours le fait de conscience. Ce sont les faits de conscience des autres hommes que vous étudiez par le moyen de l'induction, et que vous comparez aux faits de conscience que vous constatez en vous-même. C'est de la psychologie subjective indirecte. Au contraire, la psychologie physiologique est essentiellement objective parce qu'elle a pour objet non les faits de conscience eux-mêmes, mais les conditions physiologiques et organiques des faits de conscience, c'est-à-dire quelque chose d'extérieur et d'objectif.

Même les médecins eux-mêmes, en tant qu'ils étudient les états de conscience chez les malades, font de la psychologie objective, non physiologique. Par exemple, l'étude de l'hallucination ou des perceptions fausses est une étude de psychologie subjective indirecte, et non de physiologie, si ce n'est en tant que l'on pourrait déterminer les conditions cérébrales de l'imagination : or, c'est précisément là ce qu'on ignore le plus. Un livre comme celui de M. Brierre de Boimont est un livre riche en faits psychologiques, mais ne contient que très peu de documents physiologiques. Le fait que ces observations psychologiques sont faites par un médecin ne suffit pas pour en faire de la physiologie. Tout homme est psychologue, et le médecin peut être psychologue au même titre que les autres hommes. Ce qui fait que ce sont les médecins qui font ces sortes d'observations, c'est qu'ils ont seuls ces sortes de malades sous leurs yeux, tandis que les philosophes de profession n'ont pas des fous ou des hallucinés dans leurs cabinets. Ce n'en est pas moins au fond la même méthode, ici directe, là indirecte, mais ayant un seul et même objet, à savoir les faits subjectifs, les faits de conscience.

Section III

Nous n'avons pas épuisé l'histoire du conflit qui s'est élevé de nos jours entre la psychologie et la physiologie. Nous en avons vu deux périodes : dans la première, les deux points de vue sont rigoureusement séparés. Jouffroy part de la méthode psychologique interne comme d'une méthode absolument suffisante en elle-même, sans nier cependant et même en proclamant très haut la nécessité du concours des deux sciences, mais sans y insister ; dans la même période au contraire, Auguste Comte nie absolument le procédé psychologique subjectif, et n'admet que la méthode physiologique et organique, sauf à se contredire cependant, lorsqu'il en arrive à la physiologie intellectuelle et morale, en prenant comme division principale la distinction de l'esprit et du cœur, distinction qui est toute psychologique. Dans la seconde période, qui est celle de M. Herbert Spencer, les deux psychologies, l'une subjective, l'autre objective, sont admises concurremment comme nécessaires pour constituer la psychologie totale ; mais elles sont encore soigneusement distinguées, et même la prépondérance est assurée à la méthode subjective, non-seulement parce qu'elle est une introduction nécessaire à l'autre science, mais encore parce qu'elle constitue à la psychologie un cachet et un caractère propres d'indépendance.

Il nous reste à faire connaître une troisième période : celle dans laquelle nous sommes encore aujourd'hui. On reconnaît encore, comme Spencer, les deux psychologies séparées, mais en renversant leur ordre de valeur respective, c'est-à-dire en considérant la psychologie subjective comme un simple vestibule ou passage à la psychologie objective et physiologique, laquelle est la seule véritablement scientifique. Ce point de vue a été développé par M. Ribot dans ses divers ouvrages et surtout dans la préface de son livre sur *la Psychologie allemande*.

Voici la première objection qu'il fait valoir contre la psychologie classique. La psychologie subjective, dit-il, est purement descriptive ; elle n'est pas explicative. Elle ne sort pas du domaine de la conscience vulgaire ; elle ne va pas jusqu'à la connaissance scientifique, et ne s'élève pas au-dessus des considérations littéraires et de sens commun.

Cette objection contient deux considérations différentes et même hétérogènes. En effet, une connaissance purement descriptive n'équivaut pas du tout à la connaissance vulgaire. Quand même la chimie se bornerait à la description des corps, elle serait encore très au-dessus de la connaissance vulgaire. Dire d'ailleurs que la psychologie de Condillac ou de Leibniz équivaut à la conscience vulgaire d'un paysan ou même de l'homme le plus instruit est une assertion qui ne mérite vraiment pas d'être discutée. Même le fait de mettre en ordre les notions de la conscience vulgaire est quelque chose qui est encore infiniment au-dessus des forces de cette même conscience. Mais indépendamment de ce travail de coordination, que d'innombrables constatations ou même d'analyses de faits se rencontrent dans les traités de psychologie que ne connaît pas la conscience vulgaire ! J'envie, pour ma part, les savants qui se croient tellement au-dessus de la psychologie classique qu'ils n'ont plus rien à y apprendre. Quant à moi qui, depuis plus de quarante ans, étudie ces sortes de matières, j'avoue que je n'ouvre pas un traité de psychologie, je ne dis pas des plus grands maîtres, mais des plus humbles, un Cardaillac, un Adolphe Garnier, sans y apprendre quelque chose que je ne savais pas. Il y a donc là tout autre chose que de la littérature et du sens commun.

La psychologie, même subjective, est donc une science. Admettons qu'elle ne soit que descriptive. Qu'importe. Est-ce qu'une science descriptive n'est pas une science ? La minéralogie n'est qu'une science descriptive, elle ne trouve ses explications que dans la chimie. La minéralogie n'est-elle donc pas une science ? L'anatomie, et en grande partie l'histoire naturelle sont des sciences descriptives ; ne sont-ce pas des sciences ? Est-ce qu'il n'a pas été toujours été reconnu qu'avant d'expliquer les faits, il faut les connaître, et par conséquent les décrire ? A quoi servirait-il de perfectionner les moyens d'explication si l'on perdait le sens des faits à expliquer ? Or, c'est la psychologie subjective qui seule peut nous donner les faits qui sont la matière de l'explication.

Est-il vrai maintenant de dire que la psychologie ne soit que descriptive et non explicative ? C'est une erreur. La psychologie a à sa disposition deux moyens d'explication qui lui sont propres, et sans lesquels il est impossible de faire un pas dans la science : 1° un mode d'explication mécanique par l'association des idées (Hume, Mille, Bain, H. Spencer) ; 2° un mode d'explication dynamique par l'intervention de l'activité de l'esprit dans les phénomènes passifs (Leibniz, Maine de Biran, Laromiguière).

Ces deux modes d'explication sont si légitimes que, la plupart du temps, les prétendues explications physiologiques consistent à les transporter purement et simplement dans le cerveau et dans les cellules nerveuses, en admettant tantôt un mécanisme, tantôt un dynamisme cérébral, très souvent mêlés ensemble, et qui ne

Section III

sont que la traduction objective et matérielle du mécanisme et du dynamisme mental. Par exemple, on supposera une faculté de réminiscence dans les cellules nerveuses parce qu'on sait que les idées renaissent dans l'esprit par la mémoire. On expliquera la sensation d'effort par le travail du cerveau, sans se demander ce que c'est qu'un travail et si ce n'est pas une tension de l'activité telle que nous la sentons en nous-mêmes quand nous avons la sensation d'effort. Ici les faits objectifs n'auraient aucune signification si nous né les traduisions en faits de conscience. Ce qui le prouve, c'est que les cartésiens ont expliqué exactement de la même manière qu'on le fait aujourd'hui les faits de mémoire et d'imagination, quoique leur science du cerveau fut absolument dans l'enfance, c'est qu'ils traduisaient, comme les psycho-physiologistes actuels, les faits subjectifs en faits objectifs, qu'ils ne connaissaient pas directement, mais qu'ils imaginaient à la ressemblance des faits subjectifs.

D'ailleurs la physiologie d'aujourd'hui ne fait guère autre chose que de constater le siège des faits : elle en donne la topographie, mais la topographie n'est pas une explication. Je ne dis pas qu'elle ne puisse fournir un moyen d'analyse ; par exemple, la distinction des cinq sens vient de la distinction des organes que l'expérience vulgaire suffit à nous faire connaître. Mais dans bon nombre de cas, il s'agit d'une corrélation et non d'une explication. Par exemple, une des plus belles découvertes de l'anatomie moderne est d'avoir distingué dans le cerveau quatre sièges différents du langage, à savoir le siège de la parole écrite, de la parole lue, de la parole entendue et de la parole parlée. Soit ; nous expliquons ainsi les anomalies du langage, par exemple, comment on peut perdre le sens de la lecture, et non celui de l'écriture, etc. Mais le vrai problème de la psychologie est plus général et d'un tout autre ordre. Il peut s'énoncer ainsi : comment apprenons-nous à parler ? Or, ici, que nous sert la topographie précédente ? On aura beau nous dire que pour apprendre à parler nous exerçons la troisième circonvolution frontale gauche, cela ne nous expliquera absolument rien, et ne nous apprendra que ce que nous savons, à savoir que nous apprenons à parler. De même que nous voyons que pour apprendre à marcher il faut exercer ses jambes, nous concluons d'avance, par analogie, que pour parler il faut exercer son cerveau. Mais ici l'opération est beaucoup plus délicate, et le

Paul Janet

schème d'un cerveau dont les cellules vibrent ne nous est d'aucun secours. C'est donc à la psychologie subjective qu'il faut avoir recours.

Il est très vrai que la psychologie normale a beaucoup à apprendre au contact de la psychologie physiologique. Celle-ci lui fournit des moyens d'analyse soit par la pathologie qui est une sorte d'expérimentation naturelle, soit par l'expérimentation artificielle qui est possible dans certains cas ; mais il n'est pas moins vrai que la psychologie physiologique a besoin du concours de la psychologie subjective. Par exemple, il serait impossible de démêler et d'analyser les faits confus dont se compose la vie inférieure de l'âme, si ce n'était à la lumière des analyses faites dans la psychologie supérieure. Ainsi, lorsque l'un des créateurs de la psycho-physique, Wundt, nous dit que les sensations sont des raisonnements, il explique les modes inférieurs de l'esprit par des modes plus élevés. On ne saurait rien comprendre aux modes morbides de la conscience si l'on ne partait de la conscience normale. Nous l'avons dit déjà, c'est par comparaison avec l'unité de conscience constatée dans l'état normal que l'on est frappé des faits de multiplicité de conscience que l'on étudie aujourd'hui. De même l'automatisme des aliénés ou des somnambules ne se comprend bien que par antithèse avec la volonté ; et ce qui peut rester de spontanéité dans ces cas obscurs n'est aperçu que par analogie avec la spontanéité véritable : Ainsi, c'est toujours la psychologie subjective qui serti de lumière à la psychologie objective.

Non-seulement la psychologie n'a pas toujours besoin d'emprunter ses explications à la physiologie ; mais, dans certains cas, c'est elle-même, au contraire, qui vient en aide à la physiologie et qui lui apporte ses propres explications, c'est cette méthode que M. Helmholtz emploie et défend dans son *Optique physiologique* [1]: — « Quelque opinion que l'on professe sur les actions psychiques et si difficile que puisse être leur explication, elles n'en possèdent pas moins une action réelle et leurs lois nous sont familières jusqu'à un certain point par les faits de l'expérience journalière. Quant à moi, je crois que c'est suivre une voie plus sûre que de rattacher l'explication des phénomènes de la vision à des faits, qui, sans doute, réclament eux-mêmes une explication, mais dont l'existence

---

1 Voir traduction française, p. 1000.

est hors de doute, — je veux parler des actions psychiques les plus simples, — que de la faire reposer sur des hypothèses relatives à une disposition anatomique, mais inconnue du système nerveux, hypothèses arbitraires, inventées *ad hoc* et qui ne reposent sur aucune espèce d'analogie. Aussi n'ai-je pas hésité à me servir d'explications fondées sur les actes psychiques ou plus simples de l'association des idées. » — L'optique physiologique d'Helmholtz n'est, en effet, qu'une extension du mode d'explication employée pour la première fois par Malebranche et Berkeley et qui ramène à des associations et à des malentendus les actes en apparence les plus simples de la vision.

La seconde objection de M. Ribot porte sur la méthode de la psychologie. Cette méthode est purement et simplement une méthode d'observation, non d'expérimentation ; elle ne connaît, suivant les distinctions établies par Stuart-Mill, que la méthode de concordance, tout au plus celle de différence, mais non celle des variations concomitantes. Cette objection n'est pas sans fondement. Il est très vrai que la psychologie objective fournira toujours plus de moyens à l'expérimentation que la psychologie subjective. Mais réciproquement, il est certain aussi que la psychologie objective contiendra toujours un élément d'infériorité qui ne permet pas de la rapprocher des autres sciences. C'est la difficulté de l'interprétation des faits. Dans toutes les sciences naturelles, en effet, ce sont les faits eux-mêmes qui tombent sous nos yeux. En psychologie objective, ce sont les signes des faits. Il reste toujours à savoir quels sont les faits réels, c'est-à-dire les faits intérieurs correspondant aux signes physiques, lesquels seuls tombent sous nos sens. Ainsi, quiconque a observé un petit entant sait à quel point il est difficile de deviner ce qui se passe dans cette petite cervelle et quels sont les processus mentaux correspondant aux faits extérieurs. Il en est de même de l'état mental des animaux, de celui des fous, des somnambules, des aveugles nés, des sourds-muets, etc. Il y aura toujours là une difficulté fondamentale pour la psychologie objective. C'est encore là une raison considérable de ne pas sacrifier la psychologie subjective à la psychologie objective : car si la difficulté pour celle-ci est dans l'interprétation des faits, combien cette difficulté sera-t-elle augmentée si l'on se prive du concours de la science qui, seule, possède les principes de

Paul Janet

l'interprétation demandée !

En outre, sans méconnaître les droits de la psychologie physiologique et en lui laissant ouvert tout le champ qu'elle aspire à conquérir, toujours est-il que sur beaucoup de points il n'y aura de longtemps d'autre psychologie possible que la psychologie subjective. En un mot, la connaissance de ce qu'on appelle les concomitants physiques n'est possible que sur un petit nombre de faits touchant à la vie animale. Mais quel est le concomitant physique qui distingue l'induction et la déduction, le souvenir du passé et la prévision de l'avenir, l'idée du nombre et l'idée de durée, l'amour de soi et l'amour des autres ? quels sont les concomitants physiques qui accompagnent l'amour de la patrie, le sentiment esthétique ou religieux, l'idée du devoir ou l'idée du droit ? et pour tous ces faits, il n'y a pas d'autre méthode que la méthode psychologique proprement dite.

La distinction des deux espèces de psychologie n'est pas moins importante au point de vue de la psychologie objective qu'à celui de la psychologie subjective, c'est à la condition d'être séparée que la psychologie objective sera étudiée dans toute son extension au lieu d'être dispersée dans les divers chapitres de la psychologie subjective. Considérons, en effet, les différentes parties de la psychologie objective. On peut en distinguer trois principales : 1° la psychologie animale ; 2° la psychologie morbide ; 3° la psychologie physiologique. Or dans la psychologie proprement dite, il n'y a pas place pour un exposé complet des facultés animales, encore moins pour une théorie complète de la folie et moins encore pour une physiologie de la pensée. Les diverses parties de la psychologie objective ont donc intérêt à être étudiées pour elles-mêmes et, par conséquent, la psychologie subjective en doit rester distincte.

Il est inutile d'ajouter que la distinction théorique des deux psychologies sur laquelle nous avons tant insisté n'entraîne nullement dans la pratique une séparation absolue. C'est la division du travail scientifique qui a amené la division des sciences. C'est là un besoin de l'esprit qui ne peut pas voir bien toutes choses à la fois et qui est obligé de distinguer pour préciser ; mais les intérêts de la méthode abstraite ne doivent pas l'emporter sur ceux de la science elle-même. Une fois bien assurés que nous ne comprendrons point les faits subjectifs avec les faits objectifs, nous ne nous ferons aucun scrupule, toutes les fois que le besoin s'en fera sentir, d'invoquer le secours de la psychologie objective et même de la physiologie, et de leur emprunter les faits dont nous aurons besoin. Le droit de ces emprunts est évident ; car il est réciproque, puisque la psychologie objective, de son côté, est forcée à des emprunts semblables, sans lesquels elle ne pourra faire un pas. Ces sortes d'emprunts sont d'usage dans toutes les sciences. Nul doute que l'histoire ne soit distincte de la géographie, et réciproquement. Et, cependant, l'histoire emprunte constamment à la géographie et la géographie à l'histoire. La physique est distincte de la mécanique, et cependant tous les traités de physique commencent par des notions mécaniques. La physique emprunte à la chimie pour la théorie de la photographie, à la physiologie pour la théorie de la vision ; enfin, les industries elles-mêmes s'empruntent les unes aux autres, sans cesser pour cela d'être distinctes.

En résumé, l'établissement d'une psychologie subjective fondée sur l'observation intérieure, comme le demandait Jouffroy, reste encore aujourd'hui la seule base scientifique possible d'une philosophie de l'esprit humain. Mais cette psychologie n'exclut aucun progrès ; elle s'accommode avec tous les accroissements que le temps a pu apporter, et, en particulier, avec tous ceux d'une psychologie objective, comparée, expérimentale, comme on voudra l'appeler. Il n'est pas nécessaire de détruire ce qui est acquis pour introduire quelque chose de nouveau. Cette méthode révolutionnaire, si mauvaise en politique, l'est encore plus dans la science : là, surtout, les résultats obtenus deviennent la base des résultats à conquérir ; c'est l'ancien qui est la garantie du nouveau et le gage de l'avenir.

ISBN : 978-1540378149

Paul Janet